Gestão de Clientes
A Arte da Conquista e Manutenção do Cliente

Gestão de Clientes
A Arte da Conquista e Manutenção do Cliente

Joemar Braga Alves

QUALITYMARK

Copyright© 2003 by Joemar Braga Alves

Todos os direitos desta edição reservados à Qualitymark Editora Ltda.
É proibida a duplicação ou reprodução deste volume, ou parte do mesmo,
sob qualquer meio, sem autorização expressa da Editora.

Direção Editorial
SAIDUL RAHMAN MAHOMED
editor@qualitymark.com.br

Produção Editorial
EQUIPE QUALITYMARK

Capa
WILSON COTRIM

Editoração Eletrônica
MS EDITORAÇÃO ELETRÔNICA

CIP-Brasil. Catalogação-na-fonte
Sindicato Nacional dos Editores de Livros, RJ

A479g

Alves, Joemar Braga
    Gestão de clientes : a arte da conquista e manutenção do cliente / Joemar Braga Alves. – Rio de Janeiro : Qualitymark, 2004.
    128p.:

    Inclui bibliografia
    ISBN 85-7303-469-6

    1. Serviço ao cliente – Administração. 2. Satisfação do cliente. 3. Clientes – Lealdade. I. Título.

03-2649

CDD 658.812
CDU 658.818

2004
IMPRESSO NO BRASIL

Qualitymark Editora Ltda.
Rua Teixeira Júnior, 441
São Cristóvão
20921-400 – Rio de Janeiro – RJ
Tel.: (0XX21) 3860-8422

Fax: (0XX21) 3860-8424
www.qualitymark.com.br
E-Mail: quality@qualitymark.com.br
QualityPhone: 0800-263311

Dedicatória

"Para meus pais, Joel e Marilene,
os quais sempre foram meus guias;

Para minha irmã, Marijoe,
a qual sempre será minha adorada;

Para minha esposa, Rose,
a qual sempre foi e sempre será minha amada e,

Em especial, para meu filho, Gabriel,
inspiração maior de todo meu trabalho."

Apresentação

Este trabalho é algo que pode ser inserido no desenvolvimento contínuo do profissional, no aperfeiçoamento funcional, pois aborda assuntos para ajudar aquele que necessita conquistar, manter clientes e atingir metas para continuar no mercado de trabalho – metas cada vez mais altas, cada vez mais difíceis de serem atingidas.

Este livro pode vir a ser muito útil e a trazer muito sucesso ao gerente que se propõe a empregá-lo nas suas atividades do dia-a-dia.

Comentário

Vivemos, atualmente, em um inconstante mercado empresarial, onde, gerentes e bancários, necessitam superar suas marcas a todos os instantes para conseguirem manter os seus empregos, pois as exigências e cobranças aumentam a cada dia.

Em a Arte da Conquista e Manutenção do Cliente, Joemar B. Alves aborda assuntos para ajudar esses gerentes e bancários que necessitam conquistar, manter clientes e atingir metas cada vez mais exigentes, cada vez mais difíceis de serem atingidas.

Conquiste e mantenha o seu cliente não apenas pelos diversos botões, fios e bancos de dados que a alta tecnologia, hoje, fornece, mas, principalmente, pelo carinho, pelo afeto, pela humanidade que habita dentro de você.

Sumário

I. Introdução 1

II. Desenvolvimento 5

    Capítulo 1: Entendendo o Cliente 7

    Capítulo 2: A Comunicação com o Cliente 17

    Capítulo 3: Elevando o Ego de seus Clientes 21

    Capítulo 4: Concordando com o Cliente para Conquistá-lo 25

    Capítulo 5: Ouvindo o Cliente 29

    Capítulo 6: Manipulando o Cliente 31

    Capítulo 7: Convencendo o Cliente 35

    Capítulo 8: Valorizando o Bom Atendimento ao Cliente 37

    Capítulo 9: Planejando para Vender o Produto ao Cliente 41

    Capítulo 10: Buscando o Autoconhecimento para Conhecer o Cliente 43

    Capítulo 11: Conquistando o Cliente pelo Estilo *Fashion* 45

    Capítulo 12: Observando a Cultura do Cliente 47

    Capítulo 13: Recordando os Conceitos de Qualidade, Eficiência e Eficácia 51

    Capítulo 14: Utilizando a Criatividade no Atendimento ao Cliente 53

    Capítulo 15: Mantendo os Clientes Dependentes de Você 55

Capítulo 16: Reconhecendo e Lidando com o Cliente
Estressado 59

Capítulo 17: Entendendo e Fazendo o Cliente Entender
sua Imperfeição 63

Capítulo 18: Lidando com o Cliente-problema 67

Capítulo 19: Fazendo um "Pit-Stop" no Trabalho para Aumentar
a Velocidade 73

Capítulo 20: Gerenciando os que Estão Acima de Você para
que Deixem o seu Caminho Livre 77

Capítulo 21: Conhecendo as Principais Habilidades no
Desenvolvimento de Atividades Administrativas 81

Capítulo 22: Não Fique à Sombra do Antigo Gerente 85

Capítulo 23: Fazendo a Instituição Compreender a Diferença 89

Capítulo 24: Entendendo a Ética para Não Causar
Má Impressão 95

Capítulo 25: Utilizando sua Capacidade Mutante para
Conquistar e Manter Clientes 99

III. Conclusão

Não à Frieza, mas Sim à Humanidade e ao Amor 103

IV. Bibliografia 107

O Autor 111

I. Introdução

"*É com o coração que se vê corretamente;
o essencial é invisível aos olhos.*"

Antoine de Saint-Exupèry
O Pequeno Príncipe

A tualmente, vivemos em um mundo competitivo onde as grandes empresas enxugam cada vez mais seu quadro de funcionários, prevalecendo-se da tecnologia e da automação, com ênfase nos resultados.

Essa orientação também ocorre no âmbito das organizações bancárias, fazendo com que muitos funcionários se perguntem: nosso trabalho será totalmente substituído pela máquina? A resposta é *não*.

As organizações bancárias precisam tanto de máquinas de auto-atendimento quanto de pessoal para atender, conquistar e manter clientes. Mas não de funcionários que apertem botões, elas precisam de funcionários que criem valor, estima e fidelidade ao cliente, que o conquistem e o mantenham vinculado, ligado à instituição, estabelecendo um relacionamento amigo, sincero e adequado entre gerentes e clientes.

A instituição ganha, mas o cliente também ganha – esta é a teoria do ganha-ganha.

Em uma negociação, não adianta somente um ganhar, o interessante é fazer um negócio justo em que ambos lucrem, jogando por terra a antiga "Lei de Gerson", na qual "você deve levar vantagem em tudo, certo?"

E foi pensando nisso que desenvolvi este livro, onde abordo técnicas para ajudar aqueles que necessitam conquistar, manter clientes e atingir metas para continuar no mercado de trabalho – metas cada vez mais altas, cada vez mais difíceis de serem atingidas.

Este livro será muito útil ao gerente nas suas atividades do dia-a-dia.

II. Desenvolvimento

O nosso objetivo comum é: conquistar, manter clientes e fazer muito sucesso.

*"O sucesso não ocorre por acaso,
você tem que fazer a diferença."*

Capítulo I

Entendendo o Cliente

Primeiramente, precisamos compreender o cliente dentro de uma concepção humanística e comportamental.

Humanística porque, antes de ser cliente, ele é um ser humano, que merece ser notado não como um produto, um objeto inanimado, mas como um ser que tem alma, espírito, sentimento, que necessita de carinho, amor, tolerância e compaixão.

Comportamental porque o cliente apresenta comportamentos diferenciados e imprevisíveis, pois seu histórico no passado como um bom pagador, por exemplo, não impede que ele se torne inadimplente.

O comportamento do cliente independe do passado ou do futuro, mas da sua situação atual, daquilo que ele está vivenciando naquele momento. Afinal, existem os tempos de bonança, mas também os tempos de tempestades e furacões, tanto nos negócios quanto em nossa vida pessoal. Quer queiramos ou não, o nosso comportamento atual depende do que nos acontece, depende do ambiente em que estamos inseridos.

Com base nestas duas concepções, podemos perceber que alguns clientes, que sempre se mostraram tão normais, de repente começam a se apresentar agressivos, melancólicos, ansiosos ou tendo outros comportamentos que não lhes são característicos. Como entender esses clientes?

Meu caro gerente, o ser humano é muito vaidoso e muito complexo, ele gosta de ser tratado com honrarias. Sua primeira cartada na conquista da sua nova conta, do seu novo cliente, será entendê-lo. Sabendo como os clientes agem, como reagem sob certas pressões e situações, você poderá facilmente se tornar um conquistador, um sedutor de clientes.

Não vamos nos basear em teorias administrativas ou comportamentais, tais como a teoria de campo de Lewin, a hierarquia das necessidades de Maslow e outras mais que existem, mesmo porque acredito que os gerentes não teriam tempo suficiente para se dedicar ao estudo de todas essas teorias – não desprezando a importância que cada teoria revela, mas levando em consideração as inúmeras responsabilidades e atribuições que são da competência dos gerentes.

Para compreender os clientes, logicamente, você deverá ter uma visão aberta, clara e situacional, reconhecendo os clientes pelo que eles são e não pelo que você pensa que eles sejam ou, ainda, pelo que você quer que eles sejam para você. O cliente é o que ele é e acabou, não conjecture demais para não se perder na análise do seu cliente.

Além da perspicácia, da observação e da interação com a pessoa, um outro aspecto interessante é tentar entender a personalidade de cada cliente. Você deve se perguntar: mas como vou entender a personalidade de cada um?

Não é nada fácil. Aliás, conhecer as pessoas é algo que nunca vamos conseguir por completo, mas se você adotar alguns parâmetros de observação e análise, pode obter um diagnóstico da personalidade do cliente, um entendimento do cliente que, por estar próximo da realidade, pode ajudá-lo a desenvolver um bom trabalho de atendimento.

Mas como faremos isso?

Veja bem, meu caro gerente, na antiga Grécia, os gregos procuravam dividir em quatro partes quase tudo que tinham ao seu redor. Um bom exemplo disso é que eles dividiram o mundo físico em quatro elementos – terra, água, fogo e ar.

Os gregos também classificaram a personalidade em quatro temperamentos – colérico, sangüíneo, fleumático e melancólico – e essa divisão ainda hoje é adotada por vários psicólogos.

Vamos considerar, para efeito de entendimento, que o cliente só apresente um temperamento: ou ele é todo colérico, ou ele é somente sangüíneo, ou apenas fleumático ou só melancólico.

É claro que, normalmente, as pessoas não têm só um temperamento, mas um pode estar mais evidente. O ideal é que todos esses quatro temperamentos estejam distribuídos igualmente na personalidade do indivíduo.

Vamos conhecer as características de cada um dos temperamentos:

O cliente colérico

Apresenta capacidade de visualização do futuro bem mais ampla que as pessoas que têm outros temperamentos. Normalmente, ele já tem seus objetivos definidos e ruma sem rodeios em direção a eles. Ele sabe tudo. Se algum problema surgir, ele é capaz de mudar de situação quando achar que está na hora.

O cliente colérico normalmente é muito fechado, quer dar as cartas no jogo e gosta que os outros façam o que ele quer. Ele não gosta de ser contrariado, não precisa de outra opinião.

Aqui entra você, meu caro gerente: trate o colérico com muita paciência, deixe que ele conduza e procure fazer o que ele lhe pede.

O cliente sangüíneo

Normalmente, o cliente que apresenta esse tipo de temperamento tem interesses múltiplos, rumando de um negócio a outro muito rapidamente. Essa característica faz com que ele não consiga acabar o que ele começou e não consiga atingir o objetivo a que se propôs.

O cliente sangüíneo quer estar e ficar de bem com a vida, sempre acredita que tudo vai dar certo; por isso, meu caro gerente, muito cuidado com esse tipo de cliente na hora de negociar, pois ele é muito otimista. Para seguir seu sonho coloca-se em risco, dificilmente é fiel, cumpre o que promete e é muito instável.

O cliente fleumático

O cliente fleumático gosta de tudo dentro da normalidade, é muito organizado, seu pensamento segue uma linha reta, sua vida precisa de parâmetros objetivos, detesta altos e baixos, porque acredita que qualquer variação, seja nos negócios ou na vida pessoal, gerará muita dor de cabeça, muitos conflitos.

Normalmente, o cliente que apresenta uma personalidade fleumática não tem uma boa visão de futuro, sendo bem-sucedido em tarefas que exigem detalhes; por pior que seja a rotina de trabalho.

Especificamente no âmbito dos investimentos, o cliente fleumático prefere aplicar seu dinheiro em poupança – uma opção em que pode obter menos lucratividade, mas é considerado um investimento seguro. Isso porque ele tem aversão ao risco.

O cliente fleumático, normalmente, vive na indecisão, principalmente quando precisa decidir que rumo seguirá, que objetivo perseguirá. Ele confia muito mais nos outros do que em si próprio, gosta de seguir os passos dos outros para justamente não ter que tomar decisões.

No trato com o cliente que apresenta esse tipo de temperamento, meu caro gerente, não crie uma atmosfera de inovação, de mudança; pregue a normalidade, a segurança da empresa para a qual você trabalha e organize os serviços que voçê presta a este cliente atentando sempre para os detalhes.

Lembre-se de que para ele qualquer mudança é sinal de ansiedade e preocupação.

O cliente melancólico

O cliente melancólico é um pessimista. Para ele nada vai dar certo, está sempre duvidando de tudo, sempre com seu estado de espírito negativo, sempre cheio de preocupações, carregando o universo nas costas e sempre reclamando da vida, dos negócios, do gerente, de tudo, por melhor que seja.

Não é muito difícil identificar o cliente com esse tipo de temperamento, pois normalmente ele dirá como está se sentindo, como está o seu lado emocional e é exatamente neste momento que você entra, meu caro gerente, mostrando o lado maravilhoso não só da empresa, mas também da vida. Seja compreensivo com este tipo de cliente.

Tente demonstrar um produto que desperte o interesse dele e do qual ele realmente necessite. Faça perguntas rápidas, indo direto ao assunto, para que você não permita que ele entre nos aspectos negativos de cada situação. Pois mesmo que não exista algum aspecto negativo, com certeza ele vai arrumar um.

Conhecer o cliente tendo como base a personalidade dele é apenas uma das maneiras de demonstrar como você, gerente, pode obter melhores resultados no seu atendimento. O temperamento que cada cliente apresenta vai conduzir seu relacionamento com ele, permitindo sua interação e empatia. O atendimento pode se tornar mais prático e objetivo, indo ao encontro das necessidades do cliente, que se sentirá satisfeito com os resultados e se identificará com o gerente e com a organização bancária. Não pretendo, de maneira nenhuma, enveredar pelos profundos ramos da psicologia no que tange o estudo da personalidade humana, mesmo porque este não é um modelo científico de representação da realidade. O cliente pode, por exemplo, apresentar características de um cliente sangüíneo e, na verdade, ser um melancólico ou vice-versa. Ainda mais que o campo psicológico da pessoa está o tempo todo em mudança e aquele que era sangüíneo pode se tornar um melancólico ou vice-versa.

O importante é que você desenvolva o seu método, a sua forma, a sua maneira de entender o seu cliente, seja pela personalidade, pelo temperamento ou outro plano de atendimento. O ponto-chave é ser eficiente e eficaz na sua conquista e na sua manutenção.

Um dos fatores mais importantes para conquistar e manter o cliente é o entendimento de que ele está sempre em primeiro lugar. Por trás desse pensamento, no entanto, está a percepção de que você precisa que o cliente esteja satisfeito para que ele volte, para que ele adquira os produtos que você apresentou a ele, para que ele tenha naquela organização confiança para aplicar seus recursos e para que continue fazendo investimentos naquele banco.

Em suma, você pensa nele em primeiro lugar para você ficar em primeiro lugar, cumprir sua meta, mostrar-se eficiente, promover-se e, em tempos tão competitivos, segurar o emprego, manter-se na empresa, trabalhar.

Pare um pouquinho para analisar e você vai ver mesmo que está muito mais interessado em você do que no próprio cliente: você está em primeiro plano, está muito mais interessado em satisfazer as suas necessidades do que as do cliente, mas para satisfazer as suas necessidades e garantir o seu emprego você se interessa pelo cliente.

Não se assuste com esta revelação, meu caro gerente. O homem é egoísta sim – se ele realiza uma boa ação é por pura satisfação pessoal.

Ele ajuda porque pode obter algum retorno, pode melhorar a sua imagem, pode constar no seu currículo, pode servir para abater no imposto de renda, pode querer impressionar alguém por sua generosidade e pode querer que a pessoa que recebeu a boa ação deva a ele um favor. Podemos até concluir que ele faz uma boa ação porque se sente bem, porque é bom e prazeroso para ele.

Voltando à nossa conquista ao cliente, você deve ter sempre em mente que o cliente está interessado nele, em ser bem atendido, em ver o que é melhor para ele, em fazer um bom negócio, em obter vantagens, descontos, prazos.

Conseguindo assimilar isso, começamos bem. Isto significa que você já evoluiu muito na gestão de seus antigos clientes e já deu grandes passos a caminho da conquista de novos clientes.

O cliente em primeiro lugar

Capítulo 2

A Comunicação com o Cliente

Fiz uma pesquisa durante uma semana em algumas instituições bancárias da cidade onde moro com o intuito de observar como funcionava a comunicação entre gerente e cliente. Em todos os bancos a que fui, onde também me fiz de cliente para realmente me inteirar sobre o assunto comentado, os gerentes tratavam o cliente como uma máquina, desprezando totalmente o relacionamento humano.

O tratamento frio e apático por parte dos gerentes gerava um estado de irritação no cliente tal que, às vezes, um problema tão simples se tornava uma verdadeira tormenta. O cliente quer, deseja ser tratado com honrarias, com carinho e amizade, a relação entre cliente e gerente deve ser social, amiga, fraterna para criar confiança, para gerar credibilidade.

Quando você se comunicar com o cliente, não tente resolver o seu problema despachando-o rapidamente para retornar a fazer o serviço administrativo. Ele quer atenção, precisa tirar dúvidas, precisa sentir que é especial, quer estabelecer com o gerente um contato mais que profissional: de parceria e confiança.

Converse com o cliente, faça-o falar do seu melhor assunto, que é falar dele mesmo. Ainda não vi até hoje uma pessoa que não adore falar de si mesma.

Converse com seu cliente sobre como vai a sua vida, seus negócios, sua família, ele se prenderá muito mais à conversa e vai ficar muito mais animado. Por conseguinte, essa animação gerará uma boa impressão da parte dele para com você. Se você, gerente, começar a falar de você, por mais artista que seja estará caminhando a passos largos para a sua destruição. A natureza humana mostra que o homem – e, conseqüentemente, o cliente – gosta de falar de si, de ser a estrela máxima, personagem principal. Então, não vá contra a natureza humana, utilize a informação sobre essa característica do ser humano de forma eficiente e eficaz para a consecução de seu objetivo, que é a conquista ou a manutenção de seu cliente – e, por conseqüência, de seu emprego.

Deixe de falar na primeira pessoa, não utilize palavras para elevação de seu ego, pare de fazer auto-afirmação. Nada de *eu, meu, mim, minha*; coloque você de fora dessa conversa – tudo que indica você não agrada, porque não interessa ao cliente. Afirme para ele, por exemplo: *Você* vai ter uma vida tranqüila fazendo um plano de aposentadoria privada.

Volte sempre o holofote para o cliente para que você não se pegue em uma armadilha e tenha que desviar a atenção da conversa para você. Lembre-se: você deve largar o seu ego e as suas vaidades.

Você pode até querer falar de você, pois afinal você existe, você também quer mostrar que brilha, mas não nesse *show*.

O espetáculo maior está em brilhar conquistando o cliente, atingindo metas, obtendo sucesso profissional. Deixando de se enaltecer, você atinge um patamar melhor, pois o cliente fica no centro das atenções, mas você é quem obtém os lucros.

"Não vá direto às formalidades, comunique-se de maneira clara, precisa, concisa e transmita calor humano."

Capítulo 3

Elevando o Ego de seus Clientes

Você, meu caro gerente, deve ter a perspicácia de entender que as pessoas, além de gostarem de falar de si mesmas, adoram ser elogiadas, querem ser reconhecidas e o tempo todo elas precisam ser alçadas ao primeiro lugar do pódio. Por isso, para conquistar e manter seus clientes, esteja certo de fazer as pessoas se sentirem importantes. Quanto mais você elogiar e massagear o ego de seus clientes, mais eles irão corresponder de maneira positiva aos seus interesses.

Olhe-se no espelho, repare no que você pensa sobre si mesmo: você é especial, é diferente dos outros, possui qualidades especiais, desenvolve trabalhos significantes, é verdadeiramente uma raridade e quer ser tratado com tal.

Ninguém gosta de ser tratado como mais um na multidão, todos gostam de ser tratados com *deferência*, de maneira especial, pois se consideram e se vêem diferentes. Assim são os seus clientes: eles querem ser o cliente *tal* e esse *tal* faz a diferença. Essa simples diferença pode fazer você bater a sua meta e ainda conquistar e manter fiel o cliente.

Agora, tome muito cuidado ao fazer qualquer colocação a respeito do cliente. Uma expressão facial ou uma palavra mal colocada poderá ofuscar o brilho dele, mas, na verdade, a sua estrela é que vai se apagar.

Manifeste alegria e faça colocações enaltecedoras para o cliente a respeito da qualidade dele. Quando estiver sozinho em uma conversa particular com o cliente, elogie os seus outros clientes, sem citar nomes é claro, e coloque-o acima dos outros. Diga, por exemplo:

– Existe um cliente aqui que é um grande poupador, mas o senhor, investindo em plano de previdência privada, está se garantindo muito mais. Afinal, o senhor sabe em que, quando e quanto aplicar. Parabéns.

Você deve estar se perguntando se para ser gerente é necessário tratar o cliente com essa forma bajuladora, elevando o seu ego. Claro que sim! Ser gerente é gerir gente, gerir pessoas e, no que tange à conquista e manutenção do cliente, elevar o ego dele, desde que não seja de uma maneira em que o cliente perceba que você está sendo "puxa-saco", no dito popular. Tudo é válido, meu caro gerente, para garantir o cliente, seu aliado maior na batalha da competitividade.

Potencialize os atributos de seus clientes. Qual é o problema em elogiar as pessoas? Qual é o problema em ser exagerado para agradar? É melhor agradar por excesso do que não agradar, logicamente dentro de um parâmetro onde o cliente se reconheça e acredite que é o que você está dizendo que ele é.

Não faça do elogio um comércio, onde você só agrada aquele que lhe dá retorno financeiro. Ser agradável só trará benefícios a você. Saiba a hora de fazer um elogio e o faça com espontaneidade. Com certeza, você vai marcar com essas atitudes muitos pontos na conquista e manutenção do cliente.

"Eleve o ego de seus clientes, eles adoram isso."

Capítulo 4

Concordando com o Cliente para Conquistá-lo

Agora, estamos cada vez mais perto de nos tornarmos o verdadeiro "gerente", aquele que conquista pela atenção, pela empatia com o cliente. Sua tolerância é a arma de que você dispõe para manter e conquistar não só o cliente, mas o sucesso empresarial.

Normalmente, para resolução de conflitos, alguém tem que ceder, ser tolerante. Por isso, caro gerente, seja tolerante, concorde, tenha sempre em mente que o gerente pode até discordar do cliente, mas aposto que essa atitude não o tornará mais inteligente ou competente, *principalmente se o cliente estiver errado*.

A essa altura você deve estar achando que eu sou completamente louco e deve estar se perguntando: como posso concordar com o cliente se/quando ele estiver redondamente enganado? A resposta a esta pergunta é: se for realmente necessário discordar, então discorde, mas *só se for realmente necessário*. Quando você estiver em uma situação em que não der para ser afirmativo com o cliente, não diga *não*. Tolere – a não ser que não tenha outra saída.

Muitas das vezes, o cliente o procura para sanar um problema. Se na resolução desse problema você puder concordar, faça-o de modo que ele saiba que está concordando. Movimente a cabeça, olhe diretamente nos olhos dele e diga: "Estou de pleno acordo com o senhor" ou "O senhor está corretíssimo."

Com certeza, seu cliente vai vibrar de alegria e satisfação. O cliente precisa saber que você concorda com ele, com a opinião dele – precisa de um gesto ou uma palavra que demonstre que você lhe deu razão, que ele tinha razão, significando que você ouviu, concordou, aplaudiu. Procure não "bater-boca", no dito popular, com o cliente, mesmo que ele esteja errado. Lembre-se de que o cliente tem sempre razão e você não ganha clientes discutindo com eles, não é mesmo?

Tome muito cuidado com o cliente que gosta de "armar um barraco", popularmente falando. Na verdade é alguém que quer aparecer, que gosta de fazer escândalo em público. Isso prejudica a imagem da instituição e a sua imagem como gerente.

É negativo para a instituição porque quem está de fora imagina que tipo de pessoa tem conta ali, ou imagina que se a pessoa está reclamando deve ser porque alguma coisa está errada. Isso afasta novos clientes e causa desconfiança nos que já são. E pode ser que o seu gerente geral não acredite em você e fique do lado do cliente, sem perceber que ele é barraqueiro, escandaloso, encrenqueiro – você acaba passando por incompetente, negligente e outras coisas mais.

Por isso, seja prudente: evite os clientes que adoram "armar o barraco".

O melhor jeito de lidar com esse tipo de cliente é deixá-lo espernear, gritar, pular, que, no final das contas, quem vai passar vergonha é ele.

Gerente   Cliente

Disse o gerente:
– O senhor está coberto de razão.
Volte sempre!

Capítulo 5

Ouvindo o Cliente

Conversando com o cliente, quanto mais tempo você se dispuser a ouvi-lo mais importante você se tornará para ele. As pessoas adoram ser ouvidas. Quanto mais o cliente fala de si, mais ele gosta de você e cria uma boa imagem a seu respeito.

Dar ouvidos ao seu cliente é muito mais interessante que ficar falando. Quando você fala, não permite que o cliente fale e isso faz com que ele não possa falar sobre ele mesmo. Por isso, dê-lhe ouvidos.

Quando o cliente estiver falando, olhe para ele, mostre que está mesmo interessado no que ele está falando, inquira-o sobre o assunto que ele está abordando e não o interrompa até que ele tenha terminado o assunto. Às vezes nos sentimos constrangidos quando estamos falando sobre um assunto e a outra pessoa não está prestando atenção, ou muda de assunto sem dar tempo de terminá-lo.

Dar ouvidos pode ser considerado uma arte. As pessoas não têm paciência para ouvir, principalmente no ambiente agitado e frenético do trabalho, onde as pressões e as responsabilidades estão o tempo todo no nosso encalço. Mas lembre-se: "Sábio é aquele que ouve e mais sábio ainda é aquele que ouve e conquista o cliente através da simples educação de saber ouvir."

*"Se você não der ouvidos ao cliente,
ele irá procurar um outro gerente, ou,
até pior, outro concorrente que o ouça."*

Capítulo 6

Manipulando o Cliente

Sabemos que o mundo é um jogo de interesses e chega a ser engraçado quando se começa a compreender a natureza humana. Alguns chegam a afirmar de uma maneira maquiavélica que todo homem tem o seu preço. Não vamos encarar por esse aspecto, mas diremos que todo homem tem o seu desejo. Se você descobrir qual o desejo dele, do que ele precisa, o que ele quer fazer, então você encontrará a chave para conseguir com que ele faça o que você quer – você pode conquistar, conduzir, convencer, conseguir. Você pode trabalhar...

Se você souber o que realmente o seu cliente deseja, então será fácil ir ao seu encontro. Caso você saiba que ele gosta de proteção, conseguirá com que ele faça um seguro de vida; caso saiba que para ele o mais importante é o dinheiro, poderá, facilmente, convencê-lo a fazer uma aplicação na Bolsa de Valores. Isso e outras coisas mais. Identificado o desejo, você estará pronto para direcionar o cliente para o seu objetivo.

Cada um tem uma forma de pensar, uma forma de

interpretar o que está a seu redor. Cada cliente tem uma lista de prioridades e uma maneira pessoal de interpretar as coisas.

Muitos gerentes cometem o erro de presumir que o cliente almeja as mesmas coisas que ele. Não cometa esse erro: cada um tem o seu desejo, as suas necessidades. Por vezes, os planos dele se assemelham aos seus, mas o cliente pode estar mais próximo de conseguir sua realização. Por exemplo, você pode ter um emprego instável, que a qualquer momento pode ser demitido, então você ainda busca a satisfação da necessidade de segurança. E o cliente pode ter um emprego estável e já ter suprido essa necessidade de segurança profissional, buscando, agora, a satisfação social, o seu reconhecimento na sociedade. Portanto, não pense que o cliente deseja a mesma coisa que você.

Para manipular o cliente, descubra do que ele mais gosta, o que ele mais anseia, o que ele mais deseja. Então, você poderá levá-lo para onde desejar, bastando apenas mostrar a ele onde ele quer chegar e como ele poderá chegar. Logicamente, fazendo o que você quer que ele faça. Segue abaixo uma pequena fábula que vai ajudá-lo a refletir sobre o que foi apresentado:

O Cururu

"Tudo quieto, o primeiro cururu surgiu na margem, molhado, reluzente na semi-escuridão. Engoliu um mosquito; baixou a cabeçorra; tragou um cascudinho; mergulhou de novo e bum-bum!, soou uma nota soturna do concerto interrompido. Em poucos instantes, o barreiro ficou sonoro, como um convento

de frades. Vozes roucas, foi-não–foi, tãs-tãs, bum-buns, choros, esgüelamentos finos de rãs, acompanhamentos profundos de sapos, respondiam-se. Os bichos apareciam, mergulhavam, arrastavam-se nas margens, abriam grandes círculos na flor d'água. (...) Daí a pouco, da bruta escuridão surgiram dois olhos luminosos, fosforescentes, como dois vaga-lumes. Um sapo cururu grelou-os e ficou deslumbrado, com os olhos esbugalhados, presos naquela boniteza luminosa. Os dois olhos fosforescentes se aproximavam mais e mais, como dois pequenos holofotes na cabeça triangular da serpente. O sapo não se movia, fascinado. Sem dúvida queria fugir; previa o perigo, porque emudecera; mas já não podia andar, imobilizado; os olhos feiíssimos agarrados aos olhos luminosos e bonitos como um pecado. Num bote a cabeça triangular abocanhou a boca imunda do batráquio. Ele não podia fugir àquele beijo. A boca fina do réptil arreganhou-se desmesuradamente, envolveu o sapo até os olhos. Ele se baixava dócil entregando-se à morte tentadora, apenas agitando docemente as patas sem provocar nenhuma reação ao sacrifício. A barriga disforme e negra desapareceu na goela dilatada da cobra. E, num minuto, as perninhas do cururu lá se foram, ainda vivas, para as entranhas famélicas. O coro imenso continuava sem dar fé do que acontecia a um dos cantores."

(LIMA, Jorge de. Calunga; *O anjo*. 3ª ed.
Rio de Janeiro: Ed. Agir, 1959. p. 160-1)

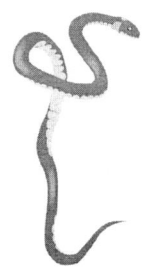

Capítulo 7

Convencendo o Cliente

Normalmente, quando falamos com um cliente sobre as vantagens e os benefícios que oferecemos acerca de um produto que vendemos, a primeira coisa que o cliente faz é botar um pé atrás e se fechar a todas as colocações. Você deve se perguntar: por que isso acontece? E eu digo: isso acontece porque as pessoas andam desconfiadas umas das outras – existem no mercado tantos golpistas, falsários e estelionatários que o cliente já não confia mais em ninguém. Caberá a você trabalhar essa credibilidade que ele já acha não mais existir.

Para dar a confiança que o cliente tanto precisa, você deve eliminar todas as desconfianças e incredulidades que existem na cabeça dele. Para isso, não dê exemplos usando a sua pessoa como referência, mas outra pessoa. Utilize outro cliente como exemplo da história que você vai contar, mesmo que esse cliente não esteja presente. Se o cliente perguntar se o seguro de carro que você vende dá cobertura contra terceiros, utilize exemplos de outros clientes que já adquiriram o prêmio e que não ficaram desamparados quando mais precisaram. O segredo está, exatamente, na forma e em quem você cita como exemplo: "Como o caso do Seu João, cliente do nosso banco há mais de 30 anos, que fez o nosso plano de previdência e hoje goza de uma vida tranqüila em sua cidade natal."

Os exemplos são marcantes, ficam na mente dos clientes e dão credibilidade. Mas, lembre-se: cuidado com os exemplos que alguns gerentes contam, chamados "exemplos de pescador", como aquele do "peixe de duas toneladas pescado no poço artesiano do quintal de casa".

O cliente não é burro e se, a qualquer momento, ele se sentir enganado, você perderá toda a confiança que ele tinha depositado em você. Uma vez perdida essa confiança, será muito mais difícil você conquistá-lo, que dirá mantê-lo como cliente.

*"Não dê voltas no assunto,
seja específico no que está oferecendo."*

Capítulo 8

Valorizando o Bom Atendimento ao Cliente

Recursos são os meios necessários para uma organização atingir os seus objetivos; sendo assim, os clientes são recursos importantíssimos para um banco sobreviver no mercado.

Vamos tratar melhor estes recursos humanos: dentro da agência, são importantes ferramentas de trabalho.

Há uma fábula muito interessante que vai ajudá-lo a entender a importância do bom atendimento no ambiente competitivo e acirrado em que nos encontramos hoje em dia:

O homem e a galinha

"Era uma vez um homem que tinha uma galinha.
Era uma galinha como as outras.
Um dia a galinha botou um ovo de ouro.
O homem ficou contente. Chamou a mulher:
– Olha o ovo que a galinha botou.
A mulher ficou contente:

– Vamos ficar ricos!
E a mulher começou a tratar bem a galinha.
Todos os dias a mulher dava mingau para a galinha.
Dava pão-de-ló, dava até sorvete.
E todos os dias a galinha botava um ovo de ouro.
Vai que o marido disse:
– Pra que este luxo com a galinha?
Nunca vi galinha comer pão-de-ló...muito menos sorvete!
Então a mulher falou:
– É, mas esta é diferente. Ela bota ovos de ouro!
O marido não quis conversa:
– Acaba logo com isso, mulher. Galinha come é farelo.
Aí a mulher disse:
– E se ela não botar mais ovos de ouro?
O marido respondeu:
– Bota sim!
Aí a mulher começou a dar milho para a galinha.
E todos os dias a galinha botava um ovo de ouro.
Vai que o marido disse:
– Pra que este luxo de dar milho pra galinha?
Ela que cate o de-comer no quintal!
Aí a mulher disse:
– E se ela não botar mais ovos de ouro?
O marido falou:
– Bota sim!
E a mulher soltou a galinha no quintal.
Ela catava sozinha a comida dela.
E todos os dias a galinha botava um ovo de ouro.
Um dia a galinha encontrou o portão aberto.
Foi embora e não mais voltou.
Dizem, eu não sei, que ela agora está numa boa casa onde tratam dela a pão-de-ló."

(ROCHA, Ruth. *Enquanto o mundo pega fogo*. 2ª ed. Rio de Janeiro: Nova Fronteira, 1984. p. 14-9)

Podemos entender de maneira clara o que pode acontecer com o nosso cliente caso ele não seja bem atendido – se ele se sentir menosprezado, deixado de lado ou até não valorizado. A sua "galinha dos ovos de ouro" vai procurar uma outra agência ou um outro concorrente.

Tente refletir um pouco e reveja os seus conceitos sobre o tratamento que você vem dando àquele cliente mais antigo, aquele que sempre esteve ao seu lado quando você mais precisou na hora de bater sua meta, aquele que você sempre pôde contar.

Por vezes, cometemos o erro de desprezar aquele que mais nos ajudou, como se ele fosse propriedade da instituição, pensando que ele jamais nos abandonaria pelo simples fato de estar conosco há anos.

Saiba reconhecer aquilo que cada cliente lhe dá – é como um ovo de ouro. Trate-o bem. Isso fará com que ele permaneça com você. Você pode receber muitos ovos de ouro e quem sabe uma promoção mais rápida.

Capítulo 9

Planejando para Vender o Produto ao Cliente

Sabemos bem que os clientes não são burros e, na verdade, devem ser tratados como parceiros. Mas, com tudo isso, antes de vender a ele um produto, faça uma comparação de forças e fraquezas relativas a esse cliente.

Verifique se ele é o cliente mais indicado para aquela venda, determine as chances de venda através da utilização das estratégias adequadas de vendas.

É importante ressaltar que estratégias eficazes ajudam a assegurar vendas. Entretanto, para começar, precisa existir possibilidade de venda.

Se tal possibilidade não existir, não há motivo para planejar a venda e até mesmo para tentar executá-la. Não vamos tentar vender um seguro de vida para aquele cliente que, no momento, está "vendendo o almoço para comprar o jantar", como se fala na gíria popular.

Planejar para vender, portanto, entra em tarefas e responsabilidades que você tem com o cliente e como você deve se comprometer com ele. É o estágio em que se decide o quê, onde, quando e como realizar a venda.

As coisas bem planejadas ajudam a dar credibilidade, ao passo que, quando você improvisa, pode incorrer em erros que poderão despertar desconfiança no cliente, mesmo que não haja motivos para isso.

Para manter um cliente e fazer com que ele adquira determinado produto, planeje-se antes de entrar em ação.

"Analise todas as forças, fraquezas e oportunidades no seu relacionamento com o cliente."

Capítulo 10

Buscando o Autoconhecimento para Conhecer o Cliente

Caros gerentes, como conhecer o cliente se não conhecemos a nós mesmos?

Pensando nisso, procurei um método, uma forma, de nos conhecer melhor e descobri que a mais adequada para refletir sobre nós mesmos seria através da filosofia. Logicamente que não ficaremos aqui filosofando, pois esse não é o nosso objetivo.

Essa passagem pode ser um caminho para o conhecimento interior:

"Vosso coração conhece em silêncio os segredos dos dias e das noites; mas vossos ouvidos anseiam por ouvir o que vosso coração sabe. Desejais conhecer em palavras aquilo que sempre conheceste em pensamento. Quereis tocar com os dedos o corpo nu de vossos sonhos. E é bom que o desejeis.

A fonte secreta de vossa alma precisa brotar e correr, murmurando, para o mar; e o tesouro de vossas profundezas ilimitadas precisa revelar-se a vossos olhos. Mas não useis balanças para pesar vossos tesouros desconhecidos; e não procureis explorar as profundidades de vosso conhecimento com uma vara ou uma sonda, porque o Eu é um mar sem limites e sem medidas.

Não digas: Encontrei a verdade. Dizei de preferência: Encontrei uma verdade.

Não digas: Encontrei o caminho da alma. Dizei de preferência: Encontrei a alma andando em meu caminho. Porque a alma anda por todos os caminhos. A alma não marcha numa linha reta nem cresce como um caniço. A alma desabrocha, qual um lótus de inúmeras pétalas."

(GIBRAN, Gibran Kalil. O profeta
Editora Nova Alexandria, 1997.)

O trecho acima convida a uma reflexão sobre nossa vida como profissional e como ser humano. Pede uma pausa em nossas atividades, tão corridas e tão exigentes no dia-a-dia, para olharmos um pouco para dentro de nós e com isso nos tornar seres humanos melhores. Posso afirmar que seres humanos melhores são melhores profissionais e melhores profissionais mantêm e conquistam clientes a todo tempo e ao tempo todo.

"O arco-íris é o símbolo da aliança de Deus com o homem e esse mesmo Deus disse: Amai ao próximo como a ti mesmo."
(Para reflexão)

Capítulo II

Conquistando o Cliente pelo Estilo *Fashion*

Um gerente bem arrumado, trajando, por exemplo, terno e gravata, conquista o cliente, pois você dá a ele credibilidade.

A apresentação individual é fundamental na hora de conquistar um cliente. Se por acaso você se apresentar com um terno amarrotado ou sem botão ou, ainda, com a barba por fazer, com certeza você já perdeu 60% das chances de conquistá-lo.

Por isso, quando sair em busca de seus novos clientes, coloque a sua melhor roupa, o seu melhor calçado, corte seu cabelo, cuide da sua apresentação individual e não se esqueça também de um perfuminho "básico" – clientes não gostam de gerentes cheirando a gambá, não é mesmo?

Uma outra dica: observe o seu hálito, se ele é forte compre uma balinha, você não vai gostar de ser taxado de gerente de "boca de chulé", certo? E evite ficar falando muito perto do cliente.

Um profissional com estilo *fashion* – quando digo estilo *fashion* me refiro ao modo de vestir-se bem –

transmite credibilidade por sua pessoa e pela instituição na qual trabalha.

"Vista-se bem e transmita credibilidade para o cliente."

Capítulo 12

Observando a Cultura do Cliente

Cultura é o conjunto de comportamentos, pensamentos, crenças e símbolos transmitido às pessoas por uma organização através do tempo. É muito difícil alterar a cultura enraizada de um cliente, se ele passou anos poupando, colocando o seu dinheiro na caderneta de poupança.

Como trazê-lo para a realidade atual, mostrando, por exemplo, que um investimento em um fundo de ações vai rentabilizar muito mais o seu dinheiro, se ele já está culturalmente moldado para colocar na poupança?

Grandes instituições financeiras tiveram muitos problemas quando tentaram convencer os velhinhos a investir em outros segmentos do banco – alguns até disseram que, se tivessem que tirar o dinheiro da poupança, eles iam preferir colocá-lo debaixo do colchão. É sempre bom ter isso em mente quando se estiver criando um ambiente de mudança para o cliente.

Você, meu caro gerente, deve se adaptar às mudanças organizacionais, pois, atualmente, um dos carros-chefe do mercado é a inovação.

A competitividade exige das empresas de hoje muita inovação – tecnologia, criatividade e conhecimento. Por isso, as empresas estão sempre mudando seus processos, sua estrutura, e os executivos, os gerentes, os funcionários – enfim, todos os componentes da organização – devem se adaptar a essas mudanças. Mas ainda é mais fácil nos adaptarmos às mudanças que fazer com que o cliente se adapte.

Dissertar sobre cultura é complicado, devido à abrangência do tema. E o nosso objetivo é desenvolver a arte de conquistar e de manter o cliente.

Por isso, vamos observar aqui a cultura do cliente conservador e daquele propenso a mudanças, tentando estimular seus próprios modelos de observação cultural – ou seja, cada gerente deve desenvolver modelos próprios e adequados à realidade e vivência com os seus clientes.

Existem clientes que aceitam mudanças e aqueles que não acatam modificações; existem aqueles que se adaptam ao que você propõe rapidamente, e aqueles que não se adaptam e resistem bravamente.

O cliente sujeito a mudanças é muito receptivo, na maioria das vezes é flexível e gosta de coisas novas – é o chamado "novidadeiro", na gíria popular: adora novidades. Já o não sujeito a mudanças é muito rigoroso, está sempre de braços dados com o conservadorismo e, normalmente, é o chamado "pão-duro", na gíria popular.

Observe que os clientes não sujeitos a mudanças estão apegados a valores, costumes e tradições. Tente identificar o cliente conservador – ele necessitará de mais tempo para aceitar a novidade que você lhe apresenta.

Lembre-se de que sua meta principal é obter a satisfação do cliente. Por isso, observe-o e tente implementar de forma lenta e gradativa um ambiente de mudança cultural através da excelência no atendimento, de produtos inovadores e da alta qualidade dos serviços prestados.

"Observando a cultura, pode-se descobrir os desejos mais secretos e as principais necessidades do cliente, pois a cultura de um homem é como o seu código genético: já está impregnada nele."

Capítulo 13

Recordando os Conceitos de Qualidade, Eficiência e Eficácia

De acordo com a *Teoria Geral da Administração*, de Idalberto Chiavenato, administradores e gestores de pessoas devem ter habilidades técnicas, humanas e conceituais para serem bons executivos.

Quanto mais subimos em nossos postos, em nossa carreira, vamos deixando o lado técnico e utilizando nosso lado conceitual. Sendo assim, vamos relembrar alguns conceitos sobre qualidade, eficiência e eficácia para nos ajudar na conquista e manutenção de nossos clientes:

- A qualidade liga-se diretamente à eficácia: este é o parâmetro de que estamos fazendo "certo", ou seja, de acordo com os anseios do cliente.

- A produtividade é a relação entre os recursos utilizados e a produção realizada, representando a eficiência do atendimento. Um grau elevado de perdas de clientes é um sinal de "baixa qualidade no serviço".

Podemos dizer que qualidade é uma jornada infinita – deve ser buscada a todo tempo dentro da organização. Só que não somos nós que definimos qualidade, mas sim os clientes.

O cliente é o principal. Repare na evolução do atendimento ao cliente da rede Bob's de restaurantes *fast-food*: antes, a empresa disponibilizava o cardápio da promoção sem admitir mudanças por parte do cliente. Hoje, o cliente já pode modificar o cardápio da promoção, adequando a promoção ao seu padrão de qualidade. Isto é uma forma fantástica de adequação da empresa aos padrões de qualidade dos clientes – ele vai consumir o que considera ser o melhor.

Repare, também, como estão atuando as montadoras de carro. Antes, funcionavam à sombra de Ford, que dizia: "Você pode adquirir qualquer carro, desde que seja preto." Ou seja, o carro estava de acordo com o padrão da fábrica. Hoje, as montadoras fazem o carro do jeito que o cliente deseja, de acordo com as opções e o padrão de qualidade do cliente.

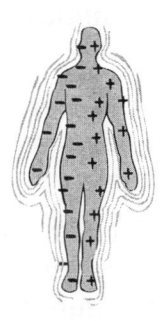

"O homem precisa ser avaliado nos seus fatores positivos e negativos dentro dos parâmetros estabelecidos para a qualidade, a eficiência e a eficácia desejada."

Capítulo 14

Utilizando a Criatividade no Atendimento ao Cliente

Hoje, estamos às voltas com um novo ativo nas empresas com o qual essas organizações ainda não sabem lidar: o chamado capital intelectual.

Quando bem empregado, o capital intelectual é um ativo intangível com alto potencial para gerar riqueza.

Um pesquisador, caminhando por um gramado, percebeu que um carrapicho grudara na bainha de sua calça. Usando a sua criatividade, ele desenvolveu o chamado velcro, que veio a substituir o zíper em grande escala. Ficou rico com isso.

Use a criatividade na hora de lidar com o cliente, na hora de atendê-lo. A originalidade cria oportunidades e um novo cliente pode ser conquistado.

Sol a pino em pleno Rio de Janeiro. Meu pai e eu estávamos indo a Niterói para resolver alguns negócios.
Paramos em um bar e pedimos dois sucos de laranja.
– Poderia fazer o suco com adoçante, por favor? – pediu meu pai.

– Tem açúcar no balcão – disse a mulher.
– Mas o açúcar não dissolve tão bem no suco quanto o adoçante – disse meu pai.
– O senhor me desculpe, mas nós não temos adoçante.

Quando a mulher voltou com nosso suco, colocou um bulezinho metálico ao lado de meu pai.
– O senhor me perdoe por não ter o seu adoçante – disse ela.
– Mas dissolvi um pouco de açúcar na água fervendo para ficar igual ao adoçante. Tomara que o senhor aprove.

Perceba como um pequeno gesto de criatividade da mulher do bar trouxe qualidade ao já excelente atendimento ao cliente, o que às vezes não é praticado em muitas corporações.

"O homem criativo é uma ferramenta competitiva permanente e de valor incomensurável."

Capítulo 15

Mantendo os Clientes Dependentes de Você

Para manter os clientes dependentes, você deve se fazer necessário. Quanto mais os clientes dependerem de você, mais valor você terá para eles, para a instituição e também para o mercado.

Faça com que os clientes dependam de você para resolver os seus problemas dentro da instituição e para prosperarem nela, e com certeza o seu passe vai ser muito valorizado.

Um gerente de alta *performance* na sua área recebe um bom salário pelo trabalho que desenvolve na empresa, só que, às vezes, isso não é suficiente para reter o profissional na organização – uma outra instituição acaba comprando o passe do profissional, como se diz na gíria bancária, e pagando a ele um salário ainda melhor.

Tome cuidado com o que você fala ao cliente sobre seu serviço, pois um dia ele pode utilizar isso contra você. Trate os assuntos relativos ao seu serviço como segredo profissional. Lembre-se sempre de que, quanto menos o cliente conhecer das suas rotinas administrativas, mais dependente ele será de você.

Você deve estar se perguntando: mas por que eu falaria da minha rotina de trabalho com meu cliente? Não faz sentido. E eu digo que faz sentido porque, às vezes, querendo mostrar que domina o assunto, ou sem querer, interagindo com as pessoas, falamos até de nós mesmos, dos nossos problemas pessoais, por que não falaríamos de nosso trabalho, de nossas rotinas, de nossos processos?

Fica aqui um aviso: fale somente o necessário ao cliente a respeito dos assuntos internos da instituição, principalmente aqueles inerentes a você, porque um comentário com outros funcionários ou outros clientes pode gerar constrangimento ou criar um problema de grandes proporções.

Meu caro gerente, eu pergunto a você: o que é o poder?

O poder tem várias definições, mas, para o nosso contexto, poder é a capacidade de fazer com que os clientes façam o que você deseja. Se você consegue essa proeza, sem coagi-lo ou magoá-lo, então podemos dizer que você é um excelente gestor de clientes – isto significa que você deve estar usando bem o poder da dependência.

O cliente necessita dos seus serviços. Ele não tem capacidade de resolver os problemas sozinho – você é o elo entre ele e a organização. Você é quem faz todo o trabalho, quem domina o assunto, quem dá ao cliente palavras de tranqüilidade de que tudo vai dar certo, de que ele não precisa se preocupar com nada. Mescle tudo isso com um bom relacionamento pessoal e, com certeza, você já criou a dependência dele para com você.

O relacionamento pessoal e o atendimento são a sua melhor ferramenta para a fidelidade do cliente a você.

Um gerente esperto criará meios de manter todos os seus clientes dependentes dele e da instituição, em todas as circunstâncias; desta forma, eles serão sempre fiéis tanto ao seu propósito quanto à sua instituição.

Alguns gerentes acham que já têm o cliente em suas mãos porque realizam o trabalho administrativo de maneira correta, excepcional. Isso é um erro gravíssimo. O mesmo serviço administrativo que você faz outro também pode fazer, porque ninguém é insubstituível.

Se você não tiver constante contato com esse cliente, pode vir a perdê-lo para um concorrente.

A relação de dependência dificilmente se solidifica sem o contato humano. Para criar uma forte relação de dependência do cliente para com você, não basta ter o seu serviço sob controle. Você deve sempre interagir com o cliente.

É importante tocar em outro aspecto para que você não pense que, só porque o seu cliente depende de você, ele nunca vai abandoná-lo. O cliente pode ter receio e até mesmo um pouco de insegurança em ficar sem os seus préstimos, mas saiba que existem muitas pessoas no mercado prontas para fisgarem o seu cliente.

Por isso, crie uma relação de forte dependência do seu cliente para com você.

Quanto maior a dependência, maior a fidelidade dele.

Existe um velho ditado que diz: "Quem detém o conhecimento, detém o poder."

"Crie dependência através do seu conhecimento profissional."

Capítulo 16

Reconhecendo e Lidando com o Cliente Estressado

Atualmente vivemos em um mundo que muito exige de nós e a cada exigência surgem várias preocupações. Temos que nos preocupar com nosso emprego, com nossa casa, com nossos filhos, com nossas vidas. Vivemos sob pressão, assim como nossos clientes. Como gerente, você deve tentar desenvolver a capacidade de reconhecer e de lidar com o cliente estressado.

Primeiramente, você deve saber a diferença entre pressão e estresse. Muitas pessoas acreditam significar a mesma coisa, mas pressão significa um conjunto de todas as exigências depositadas sobre o indivíduo, enquanto estresse é a resposta desse mesmo indivíduo a um nível de pressão inadequado.

Sabendo a diferença entre o cliente estar pressionado pelos problemas e estressado com os problemas, você pode lidar melhor com ele. As pressões do nosso cotidiano são normais e podem até nos motivar e nos estimular.

O estresse surge quando as pressões excedem um limite, extrapolam o que a pessoa é capaz de absorver, descontrolam e desequilibram o indivíduo, que acaba por explodir ou implodir suas emoções, tornando-se intolerante ou intranqüilo.

Sem ter a intenção de escrever um tratado da psicologia ou da psicanálise, vamos identificar mudanças comportamentais que acontecem com o cliente quando ele está estressado.

O cliente irrita-se com facilidade por qualquer coisa, utiliza um linguajar muito áspero como se estivesse de mal com tudo e com todos, eleva o tom de voz quando você expõe uma condição que não o agrada e apresenta até mesmo um comportamento hostil, dependendo do seu grau de estresse.

Quando você notar que ele está se mexendo muito na cadeira, falando mais rápido e variando o tom de voz, pode ter certeza de que ele está ficando estressado com aquele assunto.

Você deve estar se perguntando: eu sei reconhecer quando o cliente está estressado, mas como vou lidar com ele? Você pode desenvolver a sua técnica pessoal para criar a melhor forma de lidar com o cliente estressado. Mas ser assertivo é uma das melhores alternativas.

Você está no seu local de trabalho, distribuindo sorrisos para todos os clientes e funcionários da sua empresa. O dia de trabalho promete ser um daqueles maravilhosos, brilhantes, produtivos.

Então, um cliente, muito chateado, começa a falar com arrogância e culpa você de ter feito alguma coisa errada. Ele demonstra um comportamento muito hostil e está pronto até mesmo a partir para a agressão.

Diante da situação, pergunto a você, meu caro gerente: o que você faria? Que linha de ação você tomaria neste caso?

Alternativa A

Diria que ele está corretíssimo para acalmá-lo, antes de saber de tudo que aconteceu. Pede desculpas e promete tudo corrigir.

Alternativa B

Não encara o cliente diretamente nos olhos, baixa a cabeça sem nada falar e espera que ele fique calmo e se retire do local.

Alternativa C

Revida, ironiza e não o deixa falar sem avaliar as causas. Diz que você não tem nada com isso, que ele causou o problema.

Alternativa D

Tranqüilamente, pede para o cliente contar o que aconteceu, registra o acontecido, concorda com o cliente, demonstra entender o cliente e pergunta: O que posso fazer para ajudar?

Alternativa A: você está sendo inseguro.

Alternativa B: você está sendo passivo.

Alternativa C: você está sendo agressivo

Alternativa D: você está sendo assertivo.

Logicamente, existem outras linhas de ação que você poderia tomar.

Acredito que você, meu caro gerente, já tem condições suficientes de identificar, saber lidar com o cliente estressado, desenvolver suas próprias técnicas. Use a criatividade.

*"Perigo!
Cliente estressado!"*

Capítulo 17

Entendo e Fazendo o Cliente Entender a sua Imperfeição

Meu caro gerente, se você adquiriu este livro é porque é um excelente profissional e está determinado a se desenvolver ainda mais na arte de conquistar e manter o cliente. Mas, mesmo sendo exímio profissional, perseguindo a qualidade, procurando os melhores resultados, você pode falhar em algum momento com o cliente. Se isto acontecer, resolva o problema e peça desculpas sinceras pela falha cometida e diga que você vai fazer o possível para que esse erro não aconteça de novo.

Agora, uma vez feito o cliente entender que você errou, não se culpe por ter cometido uma falha: nós somos seres humanos e erramos de vez em quando.

Vou lhe dar uma dica: em vez de ficar buscando a perfeição e se lamentando a cada momento porque cometeu um erro, pense de maneira real sobre o que você poderia fazer para elevar sua eficiência e superar a sua média de erros.

Não se afunde e se lamente quando cometer erros, não caia na ilusão da perfeição, pois isso lhe trará paralisia no seu desenvolvimento pessoal e profissional. Desenvolva a liberdade de correr riscos, pois é errando que se aprende.

O lema da perfeição, tão pregado por vários autores em vários materiais de treinamento e seminários, já está ultrapassado. Buscar a excelência e melhorar o desempenho através da perfeição do gerente já não é mais a linha de ação que as grandes corporações utilizam atualmente.

Tom Peters nos mostra que muitas corporações no topo estão adotando uma linha de ação onde se tenta, experimenta-se, determina-se, tenta-se novamente e se adapta – ou seja, as grandes empresas estão adotando uma cultura organizacional onde se aprende com os próprios erros, em vez de achar que foi incompetência do gerente ou do funcionário.

O gerente que atinge seus objetivos é aquele que está sempre buscando aperfeiçoar a sua habilidade de conquistar e manter clientes.

Sendo sociável, comunicativo e compreensivo, ele transcende de um relacionamento comercial frio para um relacionamento amigo. Assim, faz uma humanização daquele cliente e contribui cada vez mais para o crescimento e o amadurecimento desse relacionamento.

Pode ser que você, meu caro gerente, cometa falhas algumas vezes, mas lembre-se: só erra quem trabalha.

Gerente   Cliente

– *Na próxima eu acerto!* – *disse o gerente ao cliente.*

Capítulo 18

Lidando com o Cliente-Problema

Quem não tem cliente-problema? Durante a realização deste livro, fiz diversas entrevistas com os mais variados tipos de gerentes e todos tinham clientes-problema – aqueles que não pagam em dia suas contas, que sempre estão com a conta virada, que não pagam os empréstimos devidos, fora outras situações. Em suma, para um maior entendimento, todos que representam problemas para a instituição.

Para lidar com esse tipo de cliente, temos que ser diretos e fulminantes no ataque. Não podemos adiar, pois logo outros vão surgir e a sua legião de clientes-problema será tão forte que pode provocar a sua demissão e causar um prejuízo enorme para a instituição em que você trabalha.

Um dos maiores problemas que as empresas enfrentam são gerentes que não têm iniciativa para resolver problemas. Essa falta de iniciativa, essa protelação em resolver a situação, contribui para aumentar o problema, pois este terá que ser resolvido a toque de caixa. Isso pode levá-lo a cometer falhas, causando mais problemas, em efeito cascata.

Não conheço nada que explique a razão da demora em resolver a situação. Sei que a psicologia trata a protelação como um artifício que utilizamos para nos mantermos seguros. Ficamos adiando, esperando o momento chave e, então, não fazemos nada, deixamos "o barco andar" ou dizemos: "eu quero é mais que o mundo acabe em barranco para eu morrer encostado" – clichês muito utilizados no mundo empresarial. Só entramos em ação quando forças externas nos obrigam a reagir.

Pense que adiar a solução dos problemas pode fazer você perder o controle da situação e do seu tempo. Você, meu caro gerente, ficará à mercê das contingências, as quais o controlarão.

Uma linha de ação que pode ser seguida para evitar o adiamento do confronto com o cliente-problema é agendar um horário com ele. Determine um período de tempo suficiente para tratar cada cliente, pois cada um pode apresentar problemas que irão demandar tempos diferentes.

Procure encontrar-se com o cliente e resolva os seus problemas. Visite-o, caso ele não possa comparecer à sua empresa. Isso é uma excelente forma de quebrar o "carma da protelação" que atinge vários gerentes, causando, por vezes, problemas para a empresa. Assim, você passa a ter controle da situação, pois na entrevista ele vai explicar o que está acontecendo e, juntos, vocês poderão encontrar uma solução para o problema. Você vai diminuir sua ansiedade, ele vai entender que precisa resolver a situação e que não poderá fugir a essa tomada de posição, que ele tem que responder por seus compromissos, que há um gerente atento à conta, que ele não está sozinho, solto. Ao agendar o cliente, você estará dando os primeiros passos para a solução do problema, não está deixando que o problema se transforme em problemão. É muito importante ressaltar que, quanto mais complicado for o cliente, quanto mais problemático, maior a necessidade de se estar com ele, de saber o que está acontecendo, do que ele está precisando, em que você pode ajudá-lo.

Agora, vai uma dica: nunca marque com o cliente sem lhe dizer especificamente o assunto que será tratado. Os clientes não gostam de ser pegos de surpresa, principalmente, aqueles que têm problemas a resolver com a instituição, pois isso pode vir a afetar a sua credibilidade, diminuir a confiança em você.

Tente agendar 10 minutos de atendimento para seus bons clientes para evitar que surjam novos problemas. Assim você pode colocar os assuntos de rotina atualizados e resolver os eventuais problemas que possam vir a ocorrer. Isso vai fazer com que os pequenos problemas não se transformem em grandes problemas.

Agindo de acordo com as linhas de ação aqui descritas, você terá controle da situação, estará gerenciando melhor as suas contas, prevenindo futuros problemas, administrando os problemas atuais, estabelecendo um relacionamento mais próximo a seus clientes, tornando-se eficiente e necessário à instituição em que trabalha.

Você deve estar pensando: tudo bem, você citou o que devo fazer administrativamente, ou seja, agendar, entrevistar. Agora me diga: O que fazer quando eu estiver de cara com o cliente problema? Como devo agir?

A seguir, vão algumas dicas que podem orientá-lo a lidar com o problema.

Quando você tomou as medidas preliminares de marcar uma visita ou um atendimento com o cliente-problema e informou qual o assunto que iria tratar com ele, você já criou no cliente uma forma de compromisso, ao mesmo tempo que lhe proporcionou uma sensação de alívio, pois você está dando a ele uma chance de pensar em como entender o problema e qual pode ser a solução. Assim, ele vai ficar pensando no assunto e se sentirá muito mais à vontade para resolver o problema, pois já terá tido tempo de pensar na melhor saída, na melhor condição para sair do problema.

Mas ainda não dei a dica de como você deve se comportar no trato com o cliente-problema! Então, vamos lá:

Quando estiver frente a frente com o cliente, procure deixar o passado para trás e trazer à tona o presente, mostrando ao cliente que o problema existe, que é resultado do passado, mas que, juntos, vocês irão resolvê-lo, de uma maneira justa, suave e harmoniosa.

Procure manter-se sempre direcionado à solução do problema. Isso o ajudará na economia de tempo, pois assim você não permite que durante a entrevista o cliente tome outros caminhos que não sejam a solução dos problemas dele.

Seja amigável e cordial, pois o cliente já é um problema – para tornar-se um problemão não custa nada. Siga seu objetivo, que é resolver o problema. Com certeza, você irá lucrar mais. Se você tem que resolver, então, resolva logo.

"Lembre-se: relógio que atrasa, não adianta; por isso, não protele. Resolva os problemas!"

Capítulo 19

Fazendo um "Pit-Stop" no Trabalho para Aumentar a Velocidade

Estamos em pleno século XXI, vivenciando a era da da informática, da automação, da globalização. Vivemos em um mundo no qual somos exigidos cada vez mais. A informação desponta de todos os cantos, o excesso de notícias lançadas pela mídia nos deixa desbaratinados, principalmente os assuntos que dizem respeito a desemprego, à saúde, à violência.

Nossos empregos nos exigem tanto e, por vezes, trabalhamos em um ritmo tão frenético que não nos damos conta da pressão que estamos vivendo. Sofremos um desgaste no corpo e na mente. E quando menos esperamos, somos pegos por uma gripe, por um resfriado, com dores no corpo e outras doenças mais que resultam do estresse.

Estamos com um nível de pressão inadequado sobre nós e começamos a responder a isso de alguma forma. Assim, é importante que durante o nosso horário de trabalho façamos algumas pausas para relaxar. Com isso, obteremos um benefício não só para o nosso corpo, mas também para o nosso trabalho, pois, após o relaxamento, com certeza, renderemos muito mais.

Várias pesquisas já comprovaram que as paradas para relaxar são favoráveis ao ambiente de trabalho, ajudam a saúde, o desempenho e o bem-estar das pessoas.

Agora, pergunto: você sabe relaxar? Se não, vamos aprender, agora, a reação de relaxamento, segundo Ruanne K. Peters e Herbert Benson:

A REAÇÃO DE RELAXAMENTO

I. Fique tranqüilamente sentado em uma posição confortável.

II. Feche os olhos.

III. Começando pelos pés e progredindo até o rosto, relaxe profundamente todos os músculos. Mantenha-os relaxados.

IV. Respire pelo nariz. Conscientize-se de sua respiração. Quando você exala, diga a palavra *um* silenciosamente, para você mesmo. Siga este padrão: inale e exale, um; inale e exale, um, e assim por diante. Respire tranqüilamente e naturalmente.

V. Continue assim por 10 a 20 minutos. Você pode abrir os olhos para verificar o tempo, mas não use um despertador. Quando terminar, fique sentado calmamente durante vários minutos, primeiro com os olhos fechados e mais tarde com os olhos abertos. Não se ponha de pé ainda por alguns minutos.

VI. Não se preocupe quanto a conseguir atingir um profundo nível de relaxamento. Mantenha uma atitude passiva e permita que o relaxamento ocorra por seu próprio ritmo. Quando lhe ocorrerem pensamentos que o distraiam, tente ignorá-los através da não fixação neles e retorne à repetição da palavra um. Com a prática, a reação sobrevirá com pouco esforço.

Obs.: De acordo com os autores, é indicado que se pratique a reação de relaxamento uma ou duas vezes ao dia, mas não dentro de duas horas após qualquer refeição, pois aparentemente os processos digestivos interferem na provocação de reação de relaxamento.

Com o hábito de realizar essas paradas durante o trabalho, utilizando essa técnica ou outras que existem, você, meu caro gerente, vai diminuir e muito o risco de adquirir uma doença no coração, além de outras doenças causadas pelo estresse, tais como um forte resfriado, dores no corpo, fadiga crônica e outras, as quais podem abater você com muita ferocidade, devido à sua baixa imunidade.

Atualmente, muitas empresas que se preocupam com a qualidade de vida no trabalho, estão implantando modelos de gestão de pessoas, oferecendo academias de ginástica, salões de jogos, salas de vídeo e até mesmo sessões de relaxamento antes de iniciar o trabalho. Mas se sua instituição não oferece isso aos funcionários, então siga os passos da reação de relaxamento anteriormente descritos. Vai ser melhor para você, melhor para a instituição e melhor para o cliente, que vai ter o seu gerente sempre bem-humorado e com um enorme sorriso para recebê-lo.

Capítulo 20

Gerenciando os que Estão Acima de Você para que Deixem o seu Caminho Livre

Você, meu caro gerente, até agora, vem se desenvolvendo na arte de conquistar e manter o cliente. Até agora vem desenvolvendo dentro de você estratagemas para lidar com o seu recurso maior, que é o cliente. Porém, não podemos nos esquecer de que, além dos nossos clientes, existem outras pessoas que trabalham conosco e que influenciam na nossa rotina diária, como, por exemplo, os diretores e os gerentes gerais. Eles estão acima de você e você sempre terá que se reportar a eles, a não ser que você seja o próprio gerente geral, diretor ou dono da empresa.

Os bons gerentes têm plena consciência de que um bom ambiente de trabalho e uma interação sadia com a diretoria, ou com os que estão posicionados hierarquicamente acima deles, levam a um equilíbrio emocional e profissional de ambas as partes.

Tomando por base esta visão, você deve criar um ambiente de confiança da diretoria para com você – confiança esta que uma vez obtida deixará você livre, com o campo aberto para a sua empreitada de conquistar e manter o cliente.

Para que essa confiança seja obtida, devem ser criados vínculos de amizade com os gerentes gerais e diretores, buscando bons relacionamentos profissionais e pessoais.

Muitos gerentes acham que quem deve criar o ambiente amigável e favorável ao trabalho é o gerente geral ou chefe imediato. Muitos gerentes acham que quem tem que ficar fazendo o social é o gerente geral – mas, na verdade, não é bem assim; não cabe somente a ele esse papel.

Como já vimos anteriormente, ninguém é perfeito, inclusive seu gerente geral. O conhecimento e as habilidades que ele tem podem ser até um pouco maiores que a sua, mas não são infinitas – ele não é o todo-poderoso que tudo sabe, não é a Enciclopédia Barsa, e nem possui poderes paranormais. Um bom gerente não fica aguardando instruções do gerente geral: ele toma a frente do trabalho, assessora, cria vínculos de amizade e conquista a confiança dos chefes, maximizando, assim, tudo aquilo que realiza em prol dele, do seu gerente geral e da instituição.

Podemos dizer que atingimos o ponto nevrálgico desse tema, pois sabemos que um bom gerente toma iniciativas para desempenhar o seu trabalho. Mas uma simples questão de hierarquia ou vaidade do gerente geral pode impedir que essa sua iniciativa seja tomada, fazendo com que você não tome todas as suas medidas para conquistar e manter o cliente.

A verdade é que você, em uma situação dessas, vai ter que arregaçar as mangas e partir para o confronto direto com o seu gerente geral. Caso você fique adiando esse embate, isso pode lhe custar caro, ou seja, pode lhe custar a perda de vários clientes.

Normalmente, quando você se posiciona de uma maneira educada e firme, sabendo aquilo que está pleiteando, fundamentado não só em palavras, mas nas legislações pertinentes e até mesmo em estudos estatísticos e científicos, sabendo defender com coerência a sua linha de pensamento, dificilmente o gerente geral ou a diretoria consciente deixará de acatar o seu pedido. Isso porque eles, na maioria das vezes, estão mais interessados na produtividade, na rentabilidade do que na idéia.

Por isso, meu caro gerente, conduza seu chefe imediato, leve-o a abandonar as vaidades e a baixar a guarda, convença-o de que o posicionamento que ele está tomando não é conveniente, lucrativo, rentável para a instituição, e seduza-o pela confiança.

Antes de entrar em qualquer embate com o seu gerente geral, avalie a situação, veja se vai valer a pena contrariar uma decisão tomada por ele. Caso isso lhe traga muitas perdas de clientes, então, parta para o combate. Caso não, tente envolvê-lo como aprendeu a fazer com os seus clientes, do mesmo jeito que aprendeu a fazer com o "sapo cururu": utilize a sedução para que ele o apóie. Uma vez conseguido isso, engula-o, não no sentido de fazer mal a ele, mas no sentido de mostrá-lo o quanto aquela proposta seria interessante para a instituição, caso ele seguisse a linha de ação proposta por você. Uma vez apresentada a sua idéia ou o seu projeto, deixe-o refletir sobre o assunto.

Bom, meu caro gerente, concluindo este tópico, gostaria de ressaltar que tudo acima descrito pode ser muito proveitoso, mas ninguém melhor do que você para conhecer o seu gerente geral ou diretor. Existem os mais diferentes tipos de gerentes gerais e diretores: um gente boa, outro carne-de-pescoço, outros, ainda, que não querem nada com o serviço.

Cabe a você fazer uma análise de seu gerente geral e diretores e desenvolver uma forma eficiente e eficaz para fazer com que eles trabalhem junto de você. Ou, pelo menos, que deixem o campo aberto para que você possa desenvolver o seu trabalho de conquistar e manter o cliente.

Você   Gerente Geral

E, então, você pensa: não sei por que ele sempre faz isso!

Capítulo 21

Conhecendo as Principais Habilidades no Desenvolvimento de Atividades Administrativas

Bom, meu caro gerente, caso tenha estudado a *Teoria Geral* da *Administração*, de Idalberto Chiavenato, deve saber, muito bem, que as habilidades básicas de um administrador são as habilidades técnicas, humanas e conceituais. E são exatamente essas que as instituições observam e, até mesmo, utilizam como itens de avaliação para verificar se os gerentes estão sendo eficazes nos seus cargos – e, também, se os que estão próximos de uma nova promoção têm tais habilidades em grau significativo para ocuparem o novo cargo.

As instituições estão sempre à procura do Supergerente, aquele que vai ocupar a vaga de gerente geral, o que trará muitos lucros e, conseqüentemente, muita prosperidade, superando todas as dificuldades e atribulações, sendo verdadeiramente o "imbatível" na área gerencial.

Essas instituições promovem cursos, treinamentos e, por vezes, custeiam MBA's caríssimos para a maioria dos gerentes, buscando desenvolvê-los da melhor forma possível, procurando sempre a "excelência gerencial" – mas o que muitas empresas ainda não perceberam é que por mais cursos e treinamentos que o gerente faça, se esses não forem voltados para desenvolver os atributos, as habilidades de que o gerente necessita para desempenhar o seu trabalho, tais estudos não irão adiantar muita coisa.

A principal habilidade exigida de um gerente não é a mesma exigida para um diretor – logicamente que, quando cito a principal habilidade, não significa que eles não possuam outras. Mas demonstrar que, em virtude das diferenças de atribuições de cada cargo, uma habilidade é exigida em maior grau que a outra. Isto é, um diretor deve se prevalecer de sua habilidade conceitual, estar apoiado nas bases teóricas da administração visualizando a organização de uma maneira abrangente, holística, analisando, assim, a instituição como um todo, não apenas como uma parte.

Por outro lado, o gerente deve se prevalecer da habilidade humana, pois na função de gerenciamento ele é um líder. Ele deve buscar integrar bem o grupo pelo qual é responsável de modo a levar cada um dos integrantes a desempenhar sua função com eficiência e atingir os objetivos que foram propostos pela instituição.

O gerente deve saber que não se adquire de um dia para o outro todas essas habilidades, mas é importante desenvolvê-las e exercitá-las de uma maneira natural e invariável. No caso da habilidade humana, quando se trata de gerenciar pessoas, deve-se levar em conta não apenas o desempenho diário do indivíduo, mas o próprio ser humano em questão.

Bom, você, meu caro gerente, deve estar se perguntando: mas onde entra a habilidade técnica?

Eu respondo: a habilidade técnica é a que empurra a instituição e a que trabalha constantemente para a evolução desta, pois serviços bem executados demonstram a existência de profissionais tecnicamente preparados, com forte domínio da habilidade técnica, facilitando, assim, a busca da eficiência, da excelência gerencial.

Mas, à medida que o gerente sobe, a mesma vai-se tornando menos importante, pois esse gerente começa a abandonar o nível de execução. A nova função exige dele uma ênfase maior em outra habilidade, que pode ser a humana ou a conceitual, dependendo, é claro, do novo cargo que irá ocupar.

Concluindo este tópico, gostaria de ressaltar o conceito de habilitação de acordo como bem definiu Robert L. Katz: "habilitação é a capacidade de transformar conhecimentos em ação, em que se permite a diferenciação entre aptidões para executar quaisquer atividades técnicas (habilidade técnica), compreensão e motivação de pessoas e grupos (habilidade humana) e coordenação e integração de todas as atividades e interesses da organização no sentido de um único objetivo comum (habilidade conceitual)".

Logicamente, não se pode colocar fronteiras em cada uma dessas habilidades – definir onde uma começa e a outra termina – mas podemos isolá-las para fins de estudo e análise, pois tais habilidades têm um peso muito grande na avaliação do perfil profissiográfico do gerente em muitas instituições.

Por isso, verifique se você está utilizando a habilidade que lhe é mais exigida ou adequada no cargo em que está ocupando no momento.

Isso pode ser um grande diferencial competitivo na hora de ser promovido, na hora de ser avaliado, tanto pela sua instituição quanto pelo cliente.

É que, atualmente, muitas instituições estão utilizando um novo método de avaliação de desempenho chamado *360°*, onde o gerente é avaliado não apenas pelo gerente geral, mas por todos os que estão à sua volta, ou seja, o gerente geral, os colegas de trabalho e até mesmo os seus próprios clientes.

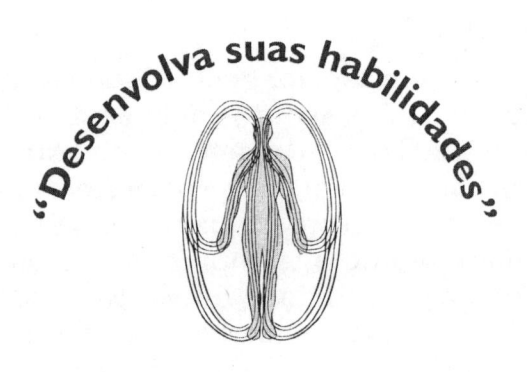

"Desenvolva suas habilidades"

Capítulo 22

Não Fique à Sombra do Antigo Gerente

Quantos clientes você já teve ou tem que vieram transferidos de uma outra agência e que gostavam do atendimento e dos serviços que lhe eram prestados pelo antigo gerente? Ou clientes que você herdou por substituir um outro gerente e que se identificavam com o antigo? Vários, não é mesmo?

Normalmente, o anterior sempre representa o mais agradável, o melhor, o maior, o fantástico. Para o cliente, esse antigo gerente era para ele um amigo, o único que tinha sempre uma saída jamais pensada e impossível de ser criada por outro gerente; o único capaz de satisfazer as suas necessidades em toda a sua plenitude.

Você deve estar se perguntando: E qual o problema há nisto, se nós, gerentes, trabalhamos para isto?

Não há problema nenhum de o antigo gerente ser rotulado por seu cliente de Sr. Excelência, mas o problema está quando ele começa a comparar o antigo gerente com você. Isto significa que você deverá ser mais fantástico que o fantástico, mais genial que o genial. O que na verdade sabemos é que ele nem era isso tudo. Mas

O ser humano, de um modo geral, tende a comparar tudo e todos e a achar que o primeiro era melhor.

Diante de uma situação dessas, não tente fazer tudo que o antigo gerente fazia, pois isso levará você, primeiramente, a uma crise de identidade. Depois, você não vai conseguir fazer tão bem as coisas que ele fazia, com o estilo dele, o jeito dele.

Se você tentar imitar uma pessoa, nunca vai superá-la, porque ela é o original, é o padrão. Por isso, tendo oportunidade, eleve seu nome, ocupe o seu lugar, demonstre, através de gestos e atitudes, e de maneira ponderada, que o seu trabalho também é excelente, sem ser um sósia do antigo gerente.

Mostre que o novo é quase sempre melhor que o velho quando se desenvolve através da inovação e da criatividade e contribui para o crescimento e o progresso dos negócios a que se propõe.

Pode ocorrer de seu cliente não ficar predisposto a se adequar ao seu estilo gerencial. Então, é hora de pensar em uma nova estratégia para você conseguir conquistar e manter esse cliente. E o melhor estratagema é seguir, fielmente, a saga do antigo gerente, tomando muito cuidado para não ser considerado um macaco de imitação e sem personalidade.

Siga fazendo o que o antigo gerente fazia, pois ele é o verdadeiro padrão de qualidade para o cliente. Você vai se beneficiar exatamente disto, pois, enquanto faz o que o antigo gerente fazia, vai adquirindo a confiança do cliente e abrindo espaço aos poucos para implantar as mudanças necessárias para legitimar seu nome.

É obvio que nem tudo que foi realizado antes pode ser menosprezado hoje por você, meu caro gerente, pois existem coisas desenvolvidas, anteriormente, que podem servir de base para vários trabalhos atuais.

A questão não é abandonar os procedimentos administrativos do antigo gerente, mas mostrar ao cliente o seu estilo, a sua maneira, a sua grife gerencial, não por uma questão de vaidade, mas para transformar o seu nome em uma marca, para transformar o cliente em seu verdadeiro devoto, tal como ele era para com o antigo gerente.

Seja ousado e original, utilizando-se sempre da prudência, nas horas de fazer as mudanças que irão garantir a sua diferenciação dos demais gerentes.

Não seja um homem sem rosto, defenda a sua reputação, mostre a sua cara para o cliente, mantenha-o e conquiste-o não nas sombras de outro gerente, mas como a nova luz que irá brilhar, com mais intensidade até que a antiga.

Não tente se igualar – diferencie-se, sempre mostrando um ângulo melhor daquilo que está sendo feito por você. Com certeza, fazendo um bom trabalho de base, o cliente passará a olhar pelo mesmo ângulo que você – é só uma questão de tempo, humildade e paciência.

Agora, terminando este tópico, vou descrever uma técnica que muitos executivos utilizam com seus funcionários – e poucos percebem que estão caindo direto em uma armadilha. Faça a sua reflexão ao final desta história:

A Técnica da Sombra

"O gerente de uma grande multinacional percebeu que o novato apresentava uma qualidade inata para as vendas – ele conseguia vender farinha a preço de ouro em pó, pois dominava bem a arte de lidar com o cliente e sabia conquistar as pessoas.

Sabendo que aquele novato seria uma revelação na empresa e que seu cargo de gerente logo, logo seria ameaçado, fez o novato de seu imediato.

Dessa forma, o novato nunca chegaria à gerência antes dele, pois ele estaria o tempo todo no controle e, pior, alimentando no novato um sentimento de inferioridade, fazendo-o ficar sempre à sua sombra."

"Saia das sombras e venha para a luz."

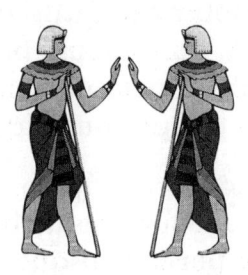

"Não se iguale ao seu chefe: diferencie-se e seja sucesso."

Capítulo 23

Fazendo a Instituição Compreender a Diferença

Atualmente, com a globalização, muitas instituições estão alocando filiais em todo o mundo. Acreditam que o gerente brasileiro faz a mesma coisa que o gerente europeu, que esse por sua vez faz a mesma coisa que o norte-americano e se esquecem de que, em cada local, cada região, cada país, existe um povo diferente, com uma cultura diferente, que pede um tratamento diferente e, até mesmo, sistemas administrativos diferentes.

Muitas instituições quebram simplesmente porque tentam impor a sua cultura a uma cultura já existente, e você, meu caro gerente, caso seja participante de uma instituição dessas, deve ter a capacidade de desmistificar esse engano cultural, mostrando que nem tudo que acontece na matriz é exatamente o que acontece na filial – ou melhor, o modo de gerenciamento utilizado na matriz pode não ser o mesmo que você adota na filial. E mais, que a rotina diária de uma pode ser bem diferente da outra.

Para fazer isso, você deve apresentar a realidade com todos os seus pormenores para a diretoria, para evitar desentendimentos que possam surgir mais tarde.

A grande verdade, meu caro gerente, é que aqueles diretores, posicionados em pontos estratégicos do desenvolvimento organizacional, esqueceram-se de que um dia foram gerentes como você.

Eles acham que a sua vida gerencial/administrativa é tal como a deles. Que basta você, simplesmente, sentar-se à cadeira e administrar, gerenciando de acordo com as várias teorias e modelos sistêmicos que eles desenvolveram – e cujos projetos nem chegaram a sair das suas mesas de trabalho.

Acredito que não só alguns dirigentes, mas também muitos gerentes, não sabem definir nem mesmo qual a sua ocupação. Pois fiz uma pesquisa para um universo de dez gerentes dos quais sete responderam que sua ocupação era planejar, organizar, coordenar e controlar. Fiquei perplexo, pois, depois de todo esse trabalho de pesquisa, não consegui decifrar qual a real ocupação desses sete gerentes. Os demais descreveram de modo satisfatório a questão.

Perceba bem, que essa definição de ocupação é muito abrangente. Fica difícil entender o trabalho realizado enquadrando-o apenas na definição de Fayol. Henry Fayol fundou a Teoria Clássica da Administração, na França, em 1916.

Será que a pessoa que formula ou desenvolve um novo sistema – por exemplo, de gestão ou de atendimento ao cliente –, sabe das suas atividades diárias? Ou procurou fazer uma pesquisa para saber, antes de tomar a decisão, se esse sistema seria, realmente, praticável e ideal? Não sabemos, supomos que sim. Mas o que temos visto ultimamente são grandes empresas implantando grandes sistemas gerenciais que só vêm a agregar custos financeiros.

Entenda bem, essa explanação não tem a pretensão de ser uma crítica, mas de alertar os idealizadores para observar, antes de qualquer coisa, todas as atividades diárias executadas por um gerente.

Não cabe ao ambiente somente a responsabilidade de se adequar aos novos sistemas, mas os sistemas também devem se adequar ao ambiente para que ambos possam evoluir mutuamente.

Por isso, o ambiente de trabalho do gerente e as funções que ele executa devem ser conhecidos tanto pelos diretores, técnicos e analistas, e pessoas que desenvolvem os sistemas, quanto pelos gerentes. Eles devem conhecer os novos sistemas, sejam eles gerenciais, de informação etc.

Mas o que vem acontecendo, atualmente, é que o gerente tem que bater o corner, correr para cabecear e ainda tem que fazer o gol. Mesmo assim, muitos gerentes afirmam que suas atribuições são planejar, organizar, coordenar e controlar.

Esquecem-se de que, muitas vezes, atendem o cliente na hora do almoço, e isso já virou rotina. Ou têm que atender um cliente ao telefone, tendo outro sentado à sua mesa e um terceiro de pé, fazendo cara de irritado, esperando para ser atendido. Alguns chegam a ponto de infringir as regras, substituindo os caixas na hora do almoço, principalmente nos postos de serviço, onde o efetivo é pequeno.

Tomando por base estas considerações, será que o ser humano tem condições de fazer com que os sistemas adotados pela instituição alcancem os resultados esperados?

Os sistemas não operam sozinhos, eles precisam do homem. E caso ele siga os procedimentos impostos pelo sistema, como fica a produtividade, se ele tem que vender?

Então, os analistas, apoiados pelos diretores, dizem: tudo estando automatizado, com os sistemas de informações gerenciais funcionando como "nunca", o serviço, certamente, será otimizado.

Daí surge outra contestação: nem tanto, pois depende do sistema, do ambiente e de suas complexidades. Pois se o gerente tiver que executar, por exemplo, mil contatos por telefone ao dia, ele não vai fazer nada mais além disso, a não ser que suas tarefas sejam bem distribuídas.

Para demonstrar à instituição o que você realmente faz, vamos deixar os seus dirigentes cientes de que você planeja, organiza, coordena, controla – mas quando o telefone toca você tem que gastar tempo com aquele atendimento, e tem que resolver negócios almoçando com o cliente.

Enfim, defina o que você faz para não ser interpretado de uma maneira errônea, para que a instituição fique a par das realidades administrativas que ocorrem nas agências – e não desperdice dinheiro com sistemas inviáveis que somente irão atravancar os serviços, fazendo com que você perca muito tempo na conquista e manutenção do cliente.

"Não faça malabarismos!"
Mostre o que você realmente faz.

Capítulo 24

Entendo a Ética para Não Causar Má Impressão

Um dos maiores problemas que os gerentes se deparam na conquista e manutenção do cliente é o desconhecimento do conceito de ética – principalmente o desconhecimento dos valores éticos do cliente.

Esse desconhecimento pode atingir de forma destrutiva e imediata o seu relacionamento com seus clientes, causando danos irreparáveis tanto à sua imagem quanto à imagem da sua instituição.

A ética é um conceito moderno que muitos gerentes deixaram de conhecer – principalmente aqueles que não se aperfeiçoaram e ficaram parados no tempo.

Atualmente, os cursos de pós-graduação colocam essa matéria em seu programa. Essa preocupação com a ética na administração vem surgindo por causa das atividades ilícitas praticadas por vários executivos, administradores e gerentes no desempenho de suas funções.

A grande verdade é que, quando tentamos abordar a ética, no que tange ao que é ético e ao que não é ético, as discussões vão se esquentando cada vez mais, mostrando, assim, muitas vertentes, vários pontos de vista. As questões éticas são tão complexas e tão divergentes que vamos ficar, ainda por muito tempo, à procura de uma solução apropriada para elas.

O importante do conhecimento da ética é exatamente ajudar o gerente a decidir e a tratar os problemas do cliente de uma maneira justa, de uma maneira legal, que não venha ferir de modo avassalador aquilo que o cliente acha ser ético.

Você, meu caro gerente, deve estar se perguntando: Como entender o que é a ética ou empregá-la com o cliente?

A ética pode ser encarada de diversas formas. Por exemplo, o gerente que gosta de seguir tudo aquilo que é politicamente correto toma por base a sociedade e leva em consideração o que a sociedade ou o grupo social toma por "certo".

Ou o gerente que adota o relativismo acolhe a idéia de que a ética é relativa ao momento cultural, social ou pessoal que o cliente está inserido.

Ou, ainda, o gerente que segue pela lei natural acredita que ser ético é exatamente seguir as determinações das leis da natureza.

Existe, também, aquele que adota a linha da ética utilitarista, acredita que ser ético é o que beneficia o maior número de clientes, mesmo que um ou outro seja prejudicado.

E sem falar naquele gerente que adota a linha ética do universalismo: pensa que sua ética está sustentada pelo pilar de sua causa, ou seja, se a causa é boa, então suas atitudes em prol da causa são éticas.

Existem essas e outras linhas que devem estar sendo formuladas neste momento, pois, como citei, a discussão sobre o que é ético vai perdurar ainda por vários anos.

Bom, diante das várias formas de ser ético apresentadas, defina qual a sua linha de atuação no trato com o cliente. Leve em consideração os valores éticos dele, respeite a linha que ele segue, para que não aconteça dissonância entre o cliente e você.

"Quanto vale a sua ética?"

Resposta:

"Não tem preço, mas ainda pode valer a sua salvação."
(Para reflexão)

Capítulo 25

Utilizando sua Capacidade Mutante para Conquistar e Manter Clientes

C alma, o que veremos aqui não é uma metamorfose ambulante, como diria Raul Seixas, mas uma proposta de mutação, analogicamente comparada talvez aos "X-MEN", seres dotados de poderes sobre-humanos.

Dando asas à nossa imaginação, vamos considerar que essa metamorfose ambulante seja uma metamorfose sem parâmetros, mudando em todos os lugares, sem nenhuma linha ou objetivo a ser atingido: o gerente muda o comportamento a toda hora e em todo lugar, pela sua própria instabilidade emocional que, nesse caso, não vem a contribuir em nada para o bom andamento do serviço.

Por outro lado, os "X-MEN" têm qualidades especiais, são homens dotados de poderes específicos que permitem sua adequação a qualquer situação.

Saindo um pouco da ficção, vamos voltar à realidade e comparar vocês, meus caros gerentes, aos "X-MEN". Tal como os "X-MEN", os senhores estão prontos para conquistar e manter clientes, pois contam não com os poderes, mas com as ferramentas necessárias para isso, e essas ferramentas, desenvolvidas nesse livro, são especiais.

São ferramentas que muitos gerentes deixam de atentar para elas, deixam escapar de suas mãos simplesmente por acharem que sabem tudo. Ser "o melhor" significa que está na hora de você se reciclar.

Você poderá agir agora de maneira mais eficiente, poderá conquistar e manter o seu cliente fazendo com que ele trabalhe a seu favor com as técnicas que lhe foram apresentadas.

Só falta desenvolver sua capacidade mutante, ou seja, a sua capacidade de mudança, de adaptabilidade aos novos cenários que foram apresentados.

Estamos mudando em todos os momentos de nossa vida e sempre vamos mudar até o fim de nossos dias. Estamos sempre procurando o conhecimento de vários assuntos, de várias ciências para entender o universo, porém muitos gerentes se apegam a paradigmas, convencendo-se de que seus paradigmas são perfeitos, imutáveis, transformando-os em verdadeiras leis, em verdadeiras expressões da verdade.

Muitos gerentes, ainda, chegam a ponto de afirmar: Esta é minha maneira de fazer e acabou!

Não preciso citar o que tal afirmação causa no profissional deste século, que deve estar o tempo todo inovando, crescendo, mudando para continuar, para sobreviver no mercado.

O Gerente Cético

Pensa o Gerente Cético:
"Mais um livro para ensinar o padre a rezar a missa."

X-Gerente

(Aberto a novas idéias)
Diz o "X-Gerente":
"Acreditei, inovei e me transformei."

Agora, faça a sua escolha.
Qual dos dois você gostaria de ser?

III. Conclusão

Não à Frieza, mas Sim à Humanidade e ao Amor

Procurei neste livro descrever alguns métodos e técnicas para tornar a vida do gerente um pouco mais fácil, ajudando-o a diminuir suas dúvidas na hora de conquistar e manter um cliente.

Procurei ser um aliado da gerência de recursos humanos, um propulsor, um guia. E trouxe o que talvez mais falte aos gerentes deste século XXI: um novo enfoque no cliente, um tratamento cuja medicação chama-se: humanidade.

Tentei revelar o papel do gerente para aqueles que estão começando na carreira e pregar a atenção, a ternura e o carinho na hora de lidar com o próximo – sem abrir mão da racionalidade, da técnica e da responsabilidade que o cargo de gerência os impõe.

Não procurei impor teorias e teses, mas despertar e desenvolver um atendimento ao público com base em assuntos que passam despercebidos em nosso dia-a-dia, com nossas atribuições tão exigentes e inexoráveis de administradores – detalhes que podem causar um enorme dano à nossa instituição, soterrando o cliente, nosso recurso maior.

Concluindo, gostaria de deixar registrado que o homem desumano é um homem sem alma, ruim de corpo e de espírito. Por isso, meu caro gerente, procure ser melhor de alma, busque ser, incessantemente, um profissional de talento, atravessando, sempre, novas fronteiras rumo ao aperfeiçoamento da conquista e manutenção do cliente.

Saber tratar o ser humano, sempre, com hombridade e justiça, mesmo entendendo que isto não seja uma tarefa fácil, porque o ser humano é uma caixa de surpresas: complexa e imprevisível. E como síntese de todo esse trabalho, gostaria, ainda, de pregar a última lição deste livro, que engloba todas as anteriores e desnuda tudo o que quis realmente passar para o leitor em um nível mais profundo. Ela desvela o que falta a alguns gerentes no trato com o cliente – a já citada humanidade. Segue, abaixo, a última lição:

> "Ainda que eu falasse as línguas dos homens e dos anjos, e não tivesse amor, seria como o metal que soa ou como o sino que tine.
> E ainda que tivesse o dom da profecia, e conhecesse todos os mistérios e toda a ciência,
> E ainda que tivesse toda fé, de maneira tal que transportasse os montes, e não tivesse amor, nada seria.
> E ainda que distribuísse toda a minha fortuna para sustento dos pobres, e ainda que entregasse o meu corpo para ser queimado, e não tivesse amor, nada disso me aproveitaria.
> O amor é sofredor, é benigno; o amor não é invejoso; o amor não trata com leviandade, não se ensoberbece.
> Não se porta com indecência, não busca os seus interesses, não se irrita, não suspeita mal;
> Não folga com a injustiça, mas folga com a verdade;
> Tudo sofre, tudo crê, tudo espera, tudo suporta."

(I Coríntios 13, 1-7)

IV. Bibliografia

Bibliografia

CARAVANTES, Geraldo R. e BJUR, Wesley E. *Magia e gestão: aprendendo a readministrar sua vida pessoal.* São Paulo: Makron Books, 1997.

CHIAVENATO, Idalberto. *Gestão de pessoas.* Rio de Janeiro: Campus, 1999.

COPPER, Peter. *Inteligência emocional nas organizações.* São Paulo: Atlas, 1996.

PETERS, Ruanne K. e BENSON, Herbert. *Coleção Harvard de Administração.* São Paulo: Nova Cultural, 1986.

SAVIOLI, Francisco P. e FIORIN, José L. *Para entender o texto.* São Paulo: Ática, 1992.

O Autor

Joemar Braga Alves há quinze anos trabalha na Administração Pública Federal. É pesquisador e consultor na área de recursos humanos e logística empresarial. Graduado em Administração de Empresas pela Universidade Federal Fluminense, com especialização em Administração, foi o 2º colocado na prova escrita do CEFET/RJ. Participou de vários cursos no Distrito Federal, entre eles o de Gerência para Micro e Pequenas Empresas e Comunicação Verbal para Dirigentes, pelo SEBRAE/DF. Atualmente, é pós-graduando em Administração no Núcleo de Pós-Graduação e Pesquisa do IMB (Instituto Metodista Bennett).

O autor espera, realmente, contribuir com este livro para o público a que se destina e aceita sugestão dos leitores para melhorá-lo através do e-mail:

joemaralves@ig.com.br

Outros Títulos Sugeridos

Como Acalmar Clientes Irritados

Autora: Rebecca L. Morgan
Páginas: 104
Formato: 20,5 x 25,5 cm

O objetivo deste livro é ensinar pessoas que lidam com o público a manter a calma nos momentos em que o cliente perde a cabeça. Não revidar a agressão, controlando a raiva, ser cortês, paciente, são atitudes que ajudam a evitar a perda do cliente, o pior castigo para uma empresa.

Como Perder o Seu Cliente em 14 Lições

Autores: Alberto Alvarães e Valéria Beltrão
Páginas: 148
Formato: 16 x 16 cm

Os clientes já não são mais meros "compradores". Devem ser parceiros, amigos, recebendo um tratamento especial que faça com que voltem outras vezes. Entretanto, ainda são muitas empresas que não absorveram essas mudanças e continuam sendo desatenciosas e muitas vezes grosseiras com o cliente. Neste livro é oferecida ao leitor a possibilidade de aprender com os erros dos outros, repensar sua atitude para com o consumidor, de forma a conquistá-lo e transformá-lo em um parceiro fiel.

Entre em sintonia com o mundo

QualityPhone:
0800-263311
Ligação gratuita

Qualitymark Editora
Rua Teixeira Júnior, 441 – São Cristóvão
20921-400 – Rio de Janeiro – RJ
Tel.: (21) 3860-8422
Fax: (21) 3860-8424

www.qualitymark.com.br
e-mail: quality@qualitymark.com.br

Dados Técnicos:

• Formato:	16×23cm
• Mancha:	12×19cm
• Fontes Títulos:	Humnst521 XBdCn BT
• Fontes Texto:	Clarendon BT
• Corpo:	12
• Entrelinha:	14
• Total de Páginas:	128

Este livro foi impresso nas oficinas gráficas da
Editora Vozes Ltda.,
Rua Frei Luís, 100 — Petrópolis, RJ,
com filmes e papel fornecidos pelo editor.